KB203031

건강한 소그룹 모임을 위한

주빌리 성경공부 ❹

| 헌신편 |

건강한 소그룹 모임을 위한
주빌리 성경공부 ❹
| 헌신편 |

2024년 12월 6일 처음 펴냄

지은이 | 유은주
펴낸이 | 김영호
펴낸곳 | 도서출판 동연
등 록 | 제1-1383호(1992년 6월 12일)
주 소 | 서울시 마포구 월드컵로 163-3
전 화 | (02) 335-2630
팩 스 | (02) 335-2640
이메일 | yh4321@gmail.com
인스타그램 | instagram.com/dongyeon_press

Copyright ⓒ 유은주, 2024

이 책은 저작권법에 따라 보호받는 저작물이므로, 무단 전재와 복제를 금합니다.
잘못된 책은 바꾸어 드립니다. 책값은 뒤표지에 있습니다.

ISBN 978-89-6447-075-6 04230
ISBN 978-89-6447-071-8 04230 (주빌리 성경공부 시리즈)

본 저서는 2020년 대한민국 교육부와 한국연구재단의 지원을 받아 수행된 연구에 기초함
(NRF-2020S1A5B5A17091101).

건강한 소그룹 모임을 위한

주빌리 성경공부 ④

| 헌신편 |

유은주 지음

동연

추천의 글

　　먼저 『주빌리 성경공부』의 출간을 축하합니다. 아스머 교수의 논의에 기초해 신념, 관계, 신비, 헌신으로 구성된 이 교재는 교회와 캠퍼스의 신앙교육에 큰 도움이 될 것입니다. 그것은 기독인들이 실생활에서 마주하는 다양한 이슈와 관련해 성경은 어떻게 말씀하고 있는지, 신앙인들이 어떻게 해야 하는지 안내하고 있기 때문입니다.

　　이 책을 펼치는 이들마다 스스로 생각하고 판단해서 어떻게 하면 자기 삶 속에서 하나님의 뜻을 이룰 수 있을지를 숙고하게 될 것입니다. 서로의 생각을 듣고 자기 생각을 이야기하면서 성경적이면서도 현실적인 방안을 찾을 수 있는 질문을 마주할 것입니다. 그리고 영과 육, 성과 속, 사랑과 정의 등으로 분리하던 이분법적 세계관을 극복하고 모든 것을 다스리시는 하나님 중심의 통전성을 회복함으로써 건강한 신앙을 형성하게 될 것입니다.

　　신앙 교육에 40년간 함께해 온 제게 이 교재는 예수 그리스도의 하나님 나라 비전을 키우는 데 큰 도움이 되리라 확신합니다. 이 책을 접하는 이들마다 하나님의 은혜가 가득하기를 기원하며 적극 추천합니다.

전 한신대 기독교교육학과 교수
공덕교회 담임 이금만 목사

추천의 글

이 책은 건강한 소그룹을 원하는 공동체라면 반드시 적용해야 할 성경공부 교재입니다. 저는 목회현장에서 건강한 소그룹 사역을 위해 준비된 리더와 더불어 좋은 교재의 중요성을 절실히 느꼈습니다. 이번에 『주빌리 성경공부』를 보면서 이토록 잘 집필된, 균형 잡힌 교재가 있을까라는 생각을 하게 되었습니다.

이 책은 각 과마다 네 단계로 구성되어 말씀과 자신의 생각을 비교하게 함으로써 소그룹 나눔을 깊이 있고 밀도 있게 이끌어줍니다. 또한 분기별 실천하기 파트는 소그룹이 무엇을 지향해야 할 것인가를 분명하게 보여줍니다. 이 모든 내용이 통전적으로 하나님 나라의 회복이라는 관점에서 일관성을 유지하고 있다는 점에서 소그룹이 어떻게 구성되어야 하는지를 깨닫게 해줍니다.

코로나 팬데믹 이후 소그룹 사역이 큰 관심을 받고 있는 가운데 소그룹 사역이 개인의 신앙 성장에 기여하는 것은 물론, 사회적인 병리 현상까지 치유하고 새롭게 하는 대안적 사역으로 발전하기 위해서는 영성과 지성, 인성과 사회성의 모든 영역이 통전적으로 다루어져야 할 필요가 있습니다. 오랜 시간 동안 튼실한 학문적 바탕 위에 출간된 네 권의 교재는 한국교회의 건강한 소그룹 사역에 크게 기여할 것이라 믿어 의심치 않습니다.

한국소그룹목회연구원 대표
서현교회 담임 이상화 목사

저자의 글

오늘날 한국 교회는 새로운 출구를 필요로 합니다. 교회에 대한 사회적 공신력이 크게 약화된 오늘날 교회는 어떤 역할을 감당할 수 있을까요? 먼저 기독교인으로서 우리의 정체성을 명확하게 인식해야 합니다. 우리는 하나님 나라의 백성이자 사회의 구성원으로 이중적 정체성을 잊지 말고 균형적 관점에서 사회 이슈들을 말씀에 비추어 보면서 오늘날의 현실 속에서 제자도를 실천해야 합니다. 또한 지금까지 영과 육, 성과 속, 사랑과 정의 등으로 분리했던 이분법적 세계관을 극복하고 하나님 중심의 통전적 세계관을 회복해야 할 것입니다.

이때 우리는 동화 속 세상처럼 흑백이 명확히 구별되기보다 무엇이 옳고 그른지를 파악하기 쉽지 않은 경우를 종종 마주하게 됩니다. 그래서 이 책은 닫힌 질문보다 열린 질문을 통해 개방적 성찰 역량을 기를 수 있도록 했습니다. 또한 다양한 토론거리를 마련하여 구성원들 간의 관계적 소통 역량을 강화할 수 있도록 했습니다. 더 나아가 구성원들 상호 간의 필요를 파악하고 그것을 채우는 평등적 나눔 역량을 육성할 수 있도록 다양한 실천 방안을 제안했습니다.

이런 구상은 사실 오래 전 외국 학생들과 소그룹 모임을 하면서 시작되었습니다. 당시 성경공부 교재들을 살펴보니 교재들이 주로 조직신학적으로 배열되어 교리를 설명하는 데 초점을 두고 있음을 알게 되었습니다. 이에 오늘날의 상황과 관련하여 우리에게 어떤 실천이 필요한지를 모색하게 하는데 한계가 있어 보였습니다. 특히 변화하는 사회 속에서 경쟁이 심화되고 있는 가운데 교회는 어떤 역할을 할 수 있을지 함께 고민해야 할 필요를 느꼈습니다. 그 결과, 이 책은 구약의 희년사상을 토대로 공생, 공존, 공조라는 하나님 나라의 가치를 환기시키고자 했습니다.

출판을 위해 먼저 한국연구재단과 동연출판사의 김영호 대표님을 비롯해 박현주 팀장님과 모든 선생님들께 감사드립니다. 또한 귀한 시간을 들여 교재를 검토해 주신 교수님, 목사님, PPT 자료 제작을 도와준 배요한 전도사와 동역자분들에게 깊이 감사드립니다. 이 책을 통해 우리가 정의와 평화의 하나님 나라를 향해 한 걸음 더 가까이 나아갈 수 있기를 소망합니다.

2024년 11월
유은주 드림

차 례

섬 김 (Serving)

부록

헌신편

Commitment

학습목표

주제	과 제목	학습 목표
회복	회복을 바라는 사람들	인간의 고통에 대한 주님의 마음과 회복 사역을 이해함으로써 고통 가운데 있는 이웃을 도울 방안을 모색한다.
	관계의 회복	야곱과 라반, 요셉과 형제들 간의 갈등과 해결 과정을 통해 인간관계에서의 갈등 해소를 위한 방법을 모색한다.
	영적 회복	주님과의 관계 회복에 있어 무엇이 중요한지를 이해하고 잘못을 회개할 것을 결단한다.
	하나님 나라의 회복	하나님 나라의 특징을 이해하고 하나님 나라의 회복을 위한 실제적인 방법을 모색한다.
사랑	조건 없는 사랑	비유를 통해 인간의 사랑과 구별되는 주님의 사랑을 이해하고 조건적인 사랑을 넘어서기를 결단한다.
	사랑의 교제	마리아와 다윗의 본을 통해 주님과의 깊은 사랑의 교제로 나아가기를 소망한다.
	최고의 가치, 사랑	사랑의 가치가 기독교에서 얼마나 중요한지를 이해하고 사랑의 실천에 헌신하기로 결단한다.
	사랑이라는 이름으로	엘리와 암논의 잘못된 사례를 통해 진정한 사랑이 무엇인지를 성찰하고 무책임한 사랑의 행위를 회개한다.
섬김	하나님의 어린양	하나님의 어린양 되신 주님께서 어떤 희생을 치르셨는지를 확인하고 주님의 희생을 기린다.
	진정한 섬김	복음서를 통해 주님의 섬김의 모습을 확인하고 의지할 곳 없는 사람들을 섬기는 일에 동참하기로 결단한다.
	주님을 섬기는 사람들	요나와 레갑 자손들을 비교함으로써 주님을 어떻게 섬겨야 할지를 성찰한다.
	강요된 희생	섬김과 희생을 강요하는 사회에 대해 비판적으로 성찰하고 억울한 피해 사례들을 통해 강요된 희생을 어떻게 이해해야 할지를 숙고한다.

회복
Restoration

회복 Restoration

1과

회복을
바라는 사람들

생각열기

1 여러분이나 주변 사람들 가운데 신체적으로나 정신적인 문제로 오랫동안 고생하는 사람이 있습니까?

2 여러분이 회복을 간절히 바라는 일은 무엇입니까?

성찰하기

1 전 세계적으로 가슴 아픈 일들이 많이 일어나고 있습니다. 그중에서 어떤 일이 마음에 와닿습니까?

2 그런 상황 가운데 무엇이 회복되었으면 좋겠습니까?

살펴보기

말씀을 통해 주님께서 사람들의 고통에 어떻게 응답하시는지 살펴봅시다.

| 공감과 긍휼 |

모세의 출생 당시 상황은 어땠습니까? 출 1:8-14

주님은 그때 무엇을 하고 계셨습니까? 출 2:23-25

주님은 왜 모세를 부르셨습니까? 출 3:7-10

주님은 약자들에 대해 어떤 마음을 가지고 계십니까? 겔 16:6

그래서 이사야는 주님을 어떻게 묘사했습니까? 사 42:3

| 치유와 회복 |

주님은 어떤 사람들을 고치셨습니까? 눅 4:31-41

주님의 치유는 어떻게 일어났습니까? 눅 5:17-20

주님의 기적은 접촉을 통해서만 가능했습니까? 눅 7:1-10

회복은 누구에게까지 일어났습니까? 눅 7:11-17

이런 치유와 회복은 곧 무엇을 나타냅니까? 마 12:28

더 생각해보기

1 이 내용을 통해 볼 때 주님은 어떤 분이심을 알 수 있습니까?

2 여러분도 주님처럼 다른 사람의 고통에 관심을 가지고 있습니까?

3 주변에서 고통받는 사람들을 위해 여러분이 할 수 있는 일은 무엇입니까?

2과

관계의 회복

생각열기

1 인간관계 속에서 여러분이 선호하는 스타일과 기피하게 되는 스타일은 어떤 차이가 있습니까?

2 여러분은 인간관계에서 갈등이 왜 생긴다고 생각합니까?

성찰하기

1 '용서'라는 단어를 떠올렸을 때, 생각나는 사람이 있습니까?

2 여러분은 인간관계에서 어떤 어려움을 겪었습니까? 혹은 현재 겪고 있습니까?

살펴보기

말씀을 통해 갈등의 원인과 해결 과정을 살펴봅시다.

| 야곱과 라반 |

야곱과 라반의 갈등은 어떻게 시작되었습니까? 창 29:20-25

이런 갈등은 무엇 때문에 심화되었습니까? 창 30:25-36

또한 무엇이 그들의 갈등을 부추겼습니까? 창 31:1-2

라반은 어떤 잘못을 했습니까? 창 31:38-42

결국 그들의 관계는 어떻게 정리되었습니까? 창 31:43-55

| 요셉과 형제들 |

요셉과 형제들은 왜 사이가 좋지 않았습니까? 창 37:3-4

결국 어떤 일이 벌어졌습니까? 창 37:12-28

형제들을 다시 만난 요셉은 어떤 일을 벌였습니까? 창 44:1-13

누가 화해의 실마리를 제공했습니까? 창 44:30-34

요셉과 형제들은 어떻게 화해하게 되었습니까? 창 45:1-5

더 생각해보기

1 위의 사건들에서 갈등을 초래한 원인은 무엇이었으며 그것은 어떻게 해결될 수 있었습니까?

2 여러분에게 갈등은 왜 생겼습니까?

3 갈등의 해결을 위해 필요한 것은 무엇일까요?

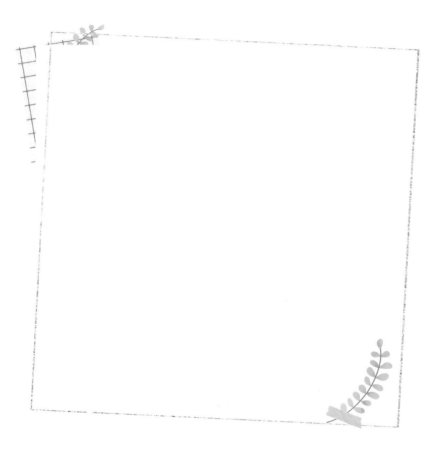

회복 Restoration

3과　　　　　　　　　　　　　　　　**영적 회복**

 생각열기

1 인간관계가 원만할 때와 원만하지 못할 때 여러분은 어떤 차이를 느낍니까? 예컨대, 화목한 가정과 화목하지 못한 가정의 분위기 는 어떻게 다릅니까?

2 여러분은 주님과의 관계가 어떻습니까? 왜 그렇게 생각합니까?

성찰하기

1 주님으로부터 동떨어진 삶은 어떤 문제를 초래할까요?

2 지금까지 살아오면서 주님의 은혜를 체험한 적이 있습니까?

살펴보기

말씀을 통해 주님과의 관계 회복에 있어 무엇이 중요한지를 살펴봅시다.

| 개인적/사회적 죄악의 회개 |

주님과의 관계에 있어 무엇이 문제가 됩니까? 사 59:1-2

주님은 어떤 문제를 지적하셨습니까? 사 59:3-8

그 결과 어떤 일이 초래되었습니까? 사 59:9-15

주님의 한결같은 바람은 무엇입니까? 암 5:4-6

주님은 자기 백성에게 무엇을 요구하셨습니까? 암 5:7-15

주님은 누구를 만나셨습니까? 눅 19:1-6

그에 대한 사람들의 평판은 어땠습니까? 눅 19:7

주님을 만난 그는 무엇을 약속했습니까? 눅 19:8

그는 왜 이런 약속을 했을까요?

이에 대해 주님은 어떻게 반응하셨습니까? 눅 19:9-10

더 생각해보기

1 이 내용을 통해 무엇을 알게 되었습니까?

2 기독교 역사는 회개를 통한 수많은 변화의 사건들로 기록되어 있습니다. 이와 비교해 오늘날 교회의 모습은 어떻습니까?

3 여러분에게 있어서 회개해야 할 죄악은 무엇이며 어떻게 변화된 삶을 나타내고 싶습니까?

4과

하나님 나라의 회복

 생각열기

1 여러분은 '천국, 하늘나라'와 '하나님 나라'의 차이가 어디에 있다고 생각합니까?

2 여러분은 하나님 나라 비유 가운데 어떤 비유가 생각납니까? 그 내용은 무엇입니까?

성찰하기

1 주님은 어떻게 하나님 나라를 이해하셨을까요?

2 한편에서는 하나님 나라를 영적으로 해석하고, 다른 한편에서는 하나님 나라를 회복한다는 명분으로 전쟁을 벌이기도 합니다. 왜 이런 문제가 생길까요?

살펴보기

말씀을 통해 하나님 나라, 하나님의 다스리심은 어떤 특징을 지니는지 살펴봅시다.

| 딱한 사정을 헤아림 |

이 비유는 어떤 문제를 다루고 있습니까? 마 20:1-12

비유에서 발견할 수 있는 특이한 점은 무엇입니까?

주인의 대답에 대해 여러분은 어떻게 생각합니까? 마 20:13-15

여러분이 만일 주인이었다면 어떻게 했을까요?

해석의 힌트가 1절에 있다고 하면 어떤 부분이 하나님 나라와 연관될까요?

| 가난한 사람들의 권리 보호 |

주님은 백성들에게 어떤 명령을 하셨습니까? 출 22:21-24

돈을 빌려줄 때는 어떻게 해야 합니까? 출 22:25-27, 신 24:10-13

다른 사람에게 일을 시킬 때는 어떻게 해야 합니까? 신 24:14-15

재판할 때 주의해야 할 점은 무엇입니까? 신 24:16-18

추수할 때는 무엇을 신경 써야 합니까? 신 24:19-22

더 생각해보기

1 이런 내용을 통해 볼 때 하나님 나라는 인간 사회와 어떤 차이가 있습니까?

2 사회에서 통용되는 능력주의나 경제적 효율성 중심의 논리는 어떤 문제를 초래합니까?

3 우리의 삶 속에서 하나님 나라는 어떤 방식으로 회복될 수 있을까요?

사랑
Love

사랑 Love

1과

조건 없는 사랑

생각열기

1 여러분이 제일 좋아하는 사랑 노래나 영화로 무엇이 있습니까? 그것을 좋아하는 이유는 무엇입니까?

2 '무조건적인 사랑'이라고 하면 여러분은 무엇을 떠올립니까?

성찰하기

1 인간의 사랑은 조건적인 경우가 많습니다. 왜 그럴까요?

2 여러분은 아무 조건 없이 누군가를 사랑한 적이 있습니까? 예를 들면, 상대방의 모습을 있는 그대로 받아들이려 한 경험이 있습니까?

살펴보기

말씀을 통해 주님의 사랑이 인간의 사랑과 얼마나 다른지를 살펴봅시다.

| 잃은 아들을 되찾은 아버지의 비유 |

둘째 아들은 어떤 잘못을 범했습니까? 눅 15:11-14

그는 결국 어떻게 되었습니까? 눅 15:15-19

아버지는 그 아들을 어떻게 맞이했습니까? 눅 15:20-24

큰아들은 왜 불만을 가졌습니까? 눅 15:25-30

아버지와 큰아들 중에서 누구의 말이 타당하다고 생각합니까?

눅 15:31-32

| 선한 사마리아인의 비유 |

당시 유대와 사마리아는 어떤 관계였습니까? 요 4:7-9

그에 대한 역사적 배경은 어떻습니까? 스 9:1-2

비유 속의 사마리아인은 어떻게 행동했습니까? 눅 10:30-35

제사장과 레위인은 왜 강도 만난 사람을 돕지 않았을까요?

주님은 왜 이런 비유를 드셨을까요?

더 생각해보기

1 이런 비유는 우리에게 무엇을 가르쳐줍니까?

2 오늘날 비유 속의 둘째 아들이나 강도 만난 사람은 누구일까요?

3 여러분은 아무 보상을 기대하지 않고 강도 만난 사람의 이웃이
되어줄 수 있겠습니까?

사 랑 L o v e

2과

사랑의 교제

생각열기

1 여러분은 누군가를 깊이 사랑해 본 적이 있습니까? 그때의 마음이 어땠습니까?

2 사랑하는 사람과의 교제는 어떻게 지속될 수 있을까요?

성찰하기

1 여러분은 주님의 사랑을 깊이 느껴본 적이 있습니까? 언제, 어떻게 느꼈습니까?

2 만일 그런 경험이 없다면 그것은 무엇 때문일까요?

살펴보기

말씀을 통해 주님과의 친밀한 교제가 어떻게 이루어지는지를 살펴봅시다.

| 말씀을 경청함 |

마리아는 어떻게 주님을 만나게 되었습니까? 눅 10:38-39

당시 상황적 맥락에서 마리아의 행동은 적절했습니까? 눅 10:40

그러면 마리아는 왜 그렇게 했을까요?

이에 대해 주님은 어떻게 말씀하셨습니까? 눅 10:41-42

여러분은 평상시에 마르다처럼 행동합니까, 마리아처럼 행동합니까?

| 주님만을 의지함 |

다윗은 집안에서 어떤 위치에 있었습니까? 삼상 16:11

그때 다윗은 어떤 경험을 했습니까? 삼상 17:34-35

그러는 가운데 다윗은 어떤 믿음을 갖게 되었습니까? 삼상 17:37

시편에서 다윗은 무엇을 권면합니까? 시 4:3-5

다윗에게 있어 주님은 어떤 분이십니까? 시 18:1-6

더 생각해보기

1 여러분은 주님과의 친밀한 교제를 간절히 원합니까? 아니면 습관적으로 교회에 다니고 있습니까?

2 주님만을 의지하려는 결단을 방해하는 요소로 무엇이 있을까요?

3 주님을 위한다고 했지만, 마르다처럼 실수한 적은 없었습니까?

사 랑 Love

3과

최고의 가치, 사랑

생각열기

1 여러분에게 이 세상에서 제일 소중한 것은 무엇입니까?

2 그것을 위해 여러분은 무엇을 포기할 수 있습니까?

    (예. 목숨, 자존심, 재산?)

성찰하기

1 만일 우리 삶 속에 사랑이 없다면 어떤 일이 벌어질까요?

2 반대로 사랑으로 충만한 삶은 우리에게 무엇을 선사할까요?

살펴보기

말씀을 통해 기독교에서 사랑의 가치가 얼마나 중요한지 살펴봅시다.

| 최고의 계명 |

주님은 방대한 양의 율법을 어떻게 요약하셨습니까? 마 22:34-40

또한 주님이 제자들에게 남긴 유언은 무엇입니까? 요 13:31-35

바울은 사랑이 어느 정도로 가치가 있다고 말했습니까? 고전 13:1-3

어떻게 하는 것이 사랑하는 것입니까? 요일 3:13-18

요한은 우리가 왜 사랑해야 한다고 했습니까? 요일 4:7-21

| 하나님 나라의 상속 조건 |

주님은 종말에 어떤 일이 있을 것이라고 예고하셨습니까? 마 25:31-33

하나님 나라는 어떤 사람들에게 주어집니까? 마 25:34-36

무엇이 그 기준이 됩니까? 마 25:37-40

주님은 무엇을 죄악으로 여기셨습니까? 마 25:41-46

이런 장면은 여러분에게 어떤 깨달음을 줍니까?

더 생각해보기

1 누군가를 섬기고 희생하는 것을 현명하지 못한 것으로 여기는 사회 속에서 우리는 어떻게 사랑의 가치를 수호할 수 있을까요?

2 지금 우리 곁에 있는 지극히 작은 자는 누구일까요?

3 주님의 십자가 사랑을 통해서도 알 수 있듯이, 사랑은 상대방에 대한 헌신을 요구합니다. 여러분은 어떻게 사랑을 실천하겠습니까?(예. 격려의 말, 선물, 친절한 도움, 공감과 경청, 변호 등)

사 랑 Love

4과

사랑이라는 이름으로

 생각열기

1 여러분에게 있어 사랑은 어떤 말로 바꾸어 쓸 수 있을까요?

2 한때 그것이 사랑이라고 생각했었지만, 이후에 진정한 사랑이 아니었다고 느낀 적이 있습니까?

성찰하기

1 진정한 사랑과 잘못된 사랑을 구별할 수 있는 기준은 무엇일까요?

2 그동안 여러분 자신이, 또는 누군가가 여러분에게 사랑이라는 이름으로 잘못된 사랑을 한 적이 없었는지 생각해 봅시다.

살펴보기

말씀 속에서 잘못된 사랑의 예를 살펴봅시다.

| 제사장 엘리 |

엘리에게 어떤 문제가 있었습니까? 삼상 2:12-17

이에 엘리는 어떻게 했습니까? 삼상 2:22-25

엘리의 가정은 주님께 어떤 심판을 받았습니까? 삼상 2:27-34

주님은 엘리의 자식 사랑에 대해 어떻게 평가하셨습니까? 삼상 3:12-14

여러분이 엘리였다면 어떻게 했겠습니까?

| 암논 |

암논은 누구를 사랑했습니까? 삼하 13:1-2

누가 암논을 잘못된 길로 부추겼습니까? 삼하 13:3-5

암논은 어떤 잘못을 범했습니까? 삼하 13:6-14

다말은 어떻게 되었습니까? 삼하 13:15-20

이후 어떤 결과가 초래되었습니까? 삼하 13:23-29

더 생각해보기

1 이런 내용을 통해 무엇을 깨달을 수 있습니까?

2 진정한 사랑은 책임을 동반합니다. 누군가를 사랑한다고 했지만 결국 상대방에 대한 책임을 회피한 적은 없었습니까?

3 아이들의 기를 죽이지 않겠다고 훈육을 소홀히 하는 부모들에게 어떤 권면을 해줄 수 있겠습니까?

섬김
Serving

섬김 Serving

1과 하나님의 어린양

 생각열기

1 사순절 기간에 교회에서는 보통 무엇을 합니까?

2 그 의미는 무엇일까요?

 성찰하기

1 여러분은 사순절 기간을 어떤 마음으로 지냅니까? 특별히 따르는 무엇인가가 있습니까? 또는 다른 날과 별 차이 없이 지냅니까?

2 여러분에게 예수님의 죽음은 어떤 의미를 지닙니까?

살펴보기

말씀을 통해 그리스도께서 왜 희생 제물이 되셔야 했는지를 살펴봅시다.

| 유월절 어린양 |

출애굽을 하기 전날 밤 하나님은 무엇을 명령하셨습니까? 출 12:1-11

그렇게 명령하신 이유는 무엇입니까? 출 12:12-14

이 어린양은 누구를 의미합니까? 사 53:6-9

그것은 누구의 뜻을 이루기 위함이었습니까? 사 53:10

주님은 왜 그 뜻에 따르셨을까요? 사 53:11-12

| 완전한 제물 |

이전에는 어떻게 하나님을 예배했습니까? 히 9:1-7

하지만 그것은 어떤 한계가 있었습니까? 히 10:11

하나님께 대한 새로운 예배는 어떻게 마련되었습니까? 히 10:12-14

그 결과로 어떤 예언이 성취될 수 있었습니까? 히 10:15-18

그 일은 어떻게 가능했을까요? 빌 2:5-11

더 생각해보기

1 주님께서 몸소 희생 제물이 되지 않으셨다면 우리는 어떻게 되었을까요?

2 이런 내용을 통해 볼 때 기독교와 타 종교는 어떤 차이를 보입니까?

3 인신제사를 기뻐하지 않으시는 하나님은 왜 아브라함에게 아들 이삭을 바치라고 요구하셨을까요?

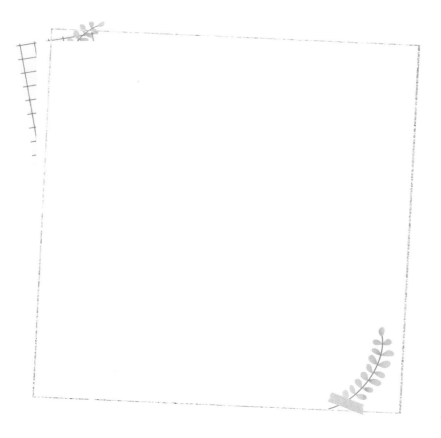

섬김 Serving

2과   진정한 섬김

 생각열기

1 여러분은 누군가를 정성으로 돌본 적이 있습니까? 또는 누군가의
   돌봄을 받아본 적이 있습니까?

2 그때 힘든 점은 없었습니까?

⚙️ 성찰하기

1 누군가를 제대로 섬긴다는 것은 많은 에너지와 노력이 필요합니
   다. 그런데도 사람들은 왜 봉사나 기부를 하는 걸까요?

2 만일 선행을 했는데도 아무 보상이 없다면 여러분은 어떻게 하시
   겠습니까?

살펴보기

말씀을 통해 주님께서 어떻게 사람들을 섬기셨는지 살펴봅시다.

| 필요를 채워주심 |

어떤 사람들이 주님으로부터 도움을 얻었습니까? 막 1:32-34

주님은 사람들의 어떤 필요를 채워주셨습니까? 막 1:40-42

주님은 누구의 편이 되어 주셨습니까? 막 2:15-17

주님은 어떤 마음으로 사람들을 섬기셨습니까? 막 6:34

주님은 사람들의 필요에 어떻게 반응하셨습니까? 막 8:1-10

| 대속의 죽음 |

주님을 따르던 제자들은 무엇을 기대했습니까? 막 10:35-37

이에 대해 주님은 어떻게 말씀하셨습니까? 막 10:38-40

주님의 가르침은 어떤 점에서 세상의 가르침과 다릅니까? 막 10:42-44

주님의 삶의 목적은 무엇이었습니까? 막 10:45

이를 위해 주님은 어떤 일을 감당해야 했습니까? 막 10:33-34

더 생각해보기

1 주님의 섬김은 인간의 섬김과 어떤 점에서 차이가 있습니까?

2 주님은 왜 그 당시에 "죄인"으로 불렸던 사람들과 어울렸을까요?

3 여러분은 어떤 점에서 주님을 본받고 싶습니까?

3과 주님을 섬기는 사람들

생각열기

1 여러분은 교회에서 어떤 봉사를 해왔습니까? 어떤 마음으로 그 일들을 했습니까?

2 봉사자들 사이에 서로 갈등이 생긴 경우는 없었습니까?

성찰하기

1 좋은 마음으로 시작한 일일지라도 때때로 봉사하다가 다투기도 합니다. 왜 그런 일들이 생길까요?

2 주님을 섬기는 것은 인간을 섬기는 것과 어떤 점에서 차이가 있을까요?

살펴보기

말씀을 통해 주님을 어떻게 섬겨야 하는지를 살펴봅시다.

| 요나 |

요나는 어떤 사건으로 유명합니까? 욘 1-2장

요나는 주님의 두 번째 명령에 어떻게 반응했습니까? 욘 3:1-4

요나는 왜 하루만 사역했을까요?

요나가 주님께 화를 낸 이유는 무엇 때문이었습니까? 욘 3:10-4:3

주님은 요나를 어떻게 달래셨습니까? 욘 4:4-11

| 레갑 자손들 |

주님은 누구를 시험하고자 하셨습니까? 렘 35:1-5

레갑 자손들은 어떤 점에서 특별했습니까? 렘 35:6-7

그들은 어떤 명령을 지켰습니까? 렘 35:8-11

주님은 그들을 통해 무엇을 말씀하시고자 하셨습니까? 렘 35:12-17

말씀에 순종한 레갑 자손들은 어떤 축복을 받았습니까? 렘 35:18-19

더 생각해보기

1 요나와 레갑 자손들은 어떤 점에서 차이가 있습니까?

2 이런 내용들을 통해 볼 때 주님을 섬기는 우리가 유념해야 할 것은 무엇일까요?

3 주님을 섬긴다고 하면서 짐짓 내 마음대로 행동한 적은 없었습니까?

섬김 Serving

4과

강요된 희생

 생각열기

1 여러분은 '열정페이'에 대해 들어보았습니까? 열정페이에 대해 어떻게 생각합니까?

2 여러분은 열정페이를 강요당한 적이 있습니까?

 성찰하기

1 그동안 사회에서 섬김과 희생을 요구받은 사람들은 누구라고 생각합니까?

2 교회는 어떻습니까? 교회 시스템 속에서 누구에게 섬김과 희생을 요구하는 것 같습니까?

살펴보기

말씀을 통해 강요된 희생의 사례를 살펴봅시다.

| 야곱 |

야곱은 무엇을 얻기 위해 일을 했습니까? 창 29:16-20

그리고서 야곱은 어떤 일을 당했습니까? 창 29:21-25

이에 라반은 어떤 핑계를 댔습니까? 창 29:26-27

야곱은 어떻게 했습니까? 창 29:28-30

그 후 야곱은 얼마나 더 참아야 했습니까? 창 31:41

| 입다의 딸 |

당시 상황은 어땠습니까? 삿 11:1-7

입다는 왜 전쟁에 참여하게 되었습니까? 삿 11:8-11

이 과정에서 입다는 어떤 잘못을 범했습니까? 삿 11:29-31

결국 어떤 일이 벌어졌습니까? 삿 11:32-35

여러분이 입다의 딸이었다면 어떻게 했겠습니까? 삿 11:36-40

더 생각해보기

1 그동안 사회 및 가정 안에서 여성에게, 약자에게 어떤 희생을 요구해 왔는지 그것에 대해 인식한 적이 있습니까?

2 그 밖에도 사회 발전을 위해 희생을 치른 사람들로 누구를 꼽을 수 있을까요?

3 섬김과 희생의 가치는 기독교에서 매우 중요하기는 하지만 누군가에게 희생을 강요하는 사회 및 문화에 대해 우리는 어떻게 대응해야 할까요?

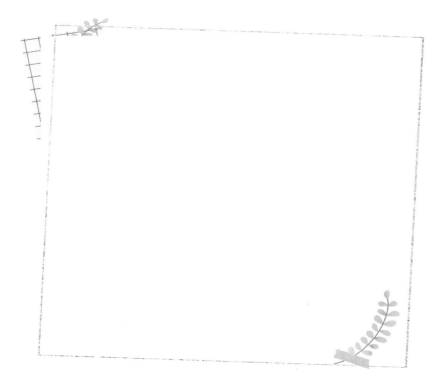

부록

교재의 의미와 개요

I. 시대적 요청과 기독교교육의 방향

코로나 이후 한국 교회는 공동체성의 함양과 다음세대 양육에 대해 고민이 깊다. 사회 내에서 기독교에 대한 반감이 깊은 상황 속에서 교회는 다시 부흥을 꿈꿀 수 있을까? 이를 위해 우리는 먼저 기존의 기독교교육에 대해 고찰할 필요가 있다. 흔히 '기독교교육'이라면, 어린이나 청소년을 대상으로 하는 교육, 또는 목회자의 설교를 떠올리기 쉽다. 그러나 신자들의 삶이 일반인들과 다른 점이 없다든지, 우리 사회가 정의롭고 평화로운 사회로 나아지는 것이 아니라 오히려 갈등과 폭력이 심각해진다면 우리는 과연 어떤 목적으로 기독교교육을 수행했는지를 반성하지 않을 수 없을 것이다.

전통적으로 교육과정은 랄프 타일러(Ralph W. Tyler)의 방식에 따라 교육목표의 설정과, 학습경험의 선정 및 조직, 평가의 체계성이 강조되었고 이런 원리는 기독교교육에도 적용되었다. 그러나 학습효과 측면에서 의문이 제기되면서 기독교교육에 행동주의 이론이 도입되었고 교육의 효율성을 증대하고자 했다. 그 이후에는 교육의 방향성이 누구의 이익을 위한 것이었는지를 물

으면서 재개념주의 교육과정론이 도출되었고, 기독교교육 분야에서도 역시 교육의 결과로 하나님의 뜻이 성취되었는지, 잠재적 교육과정 가운데 비기독교적인 요소는 없었는지를 점검하려는 움직임이 나타났다.[1]

따라서 우리는 기존의 기독교교육이 교회 유지를 위해 성장주의를 지향하며 행동주의에 근거해 신자들을 보상체제로 길들이려고 하지 않았는가를 비판적으로 고찰해야 한다. 또한 사회질서 유지를 위한 윤리나 도덕으로 기독교를 환원시키는 오류를 범하지 않았는지 재고해야 할 것이다. 그 까닭은 기독교교육의 궁극적인 지향점이 사회질서 유지에 있지 않고 예수 그리스도의 비전, 곧 하나님 나라에 있기 때문이다.[2] 하나님 나라는 삼위일체 하나님의 관계성과 평등성, 개방성의 특징을 지닌다.[3]

그러나 세계화된 현대 사회는 무한경쟁 시스템 속에서 적자생존과 각자도생을 강조함으로써 고립과 차별, 승자독식의 문제를 초래했다. 이기주의와 양극화의 심화로 공동체성과 평등의 가치가 훼손되었고 불안과 스트레스로 인해 심리·정신적 고통이 만연하다. 또한 기후·환경 위기로 온 피조 세계가 고통을 겪고 있다. 출애굽과 그리스도의 구속 사건을 이루신 하나님께서는 이런 고통에 함께 하신다. 우리 역시 하나님의 사역에 참여함으로써 예수 그리스도의 비전을 공유할 수 있다.

이 교재는 신자들로 하여금 이런 현실을 도외시하지 않고 하나님 나라의 비전을 삶의 중심에 위치시킴으로써 정의와 평화, 사랑과 긍휼의 공동체를 회복할 수 있게 기획되었다. 특히 구약의 희년(Jubilee)이 하나님 나라의 회복과 어떤 관련성이 있는지를 이해하게 하고 사회 내 만연한 고통의 문제를 해

---

1   강희천, 『기독교교육의 비판적 성찰』(서울: 대한기독교서회, 1999), 49-68.

2   토마스 H. 그룹/이기문 옮김, 『기독교적 종교교육』(서울: 대한예수교장로회총회교육부, 1983), 68.

3   김현숙, 『탈인습성과 기독교교육』(서울: 대한기독교서회, 2004).

결하기 위해 어떤 방법을 강구해야 할지를 모색하게 한다.

이런 교육목적 가운데 이 교재는 세 가지 교육목표를 갖는다. 그것은 첫째, 소그룹 구성원들의 개방적 성찰을 격려하는 것이다. 그동안 학교교육을 통해 무의식적으로 수용했던 비성경적인 가치관을 말씀의 거울에 비추어 비판적으로 재고함으로써 과연 그것이 하나님 나라와 양립할 수 있는지, 만일 모순이 존재한다면 어떤 가치를 포기하고 어떤 가치를 따라야 하는지 등을 숙고하게 한다. 둘째, 관계적 소통을 촉진한다. 믿음 안에서 한 가족이 된 성도들은 상호 배려 가운데 어떤 경험을 통해 그런 생각을 갖게 되었는지 이야기를 경청함으로써 서로를 이해할 수 있게 될 것이다. 셋째, 평등적 나눔을 도전한다. 승자독식을 정당화하는 사회와 달리, 성도들은 하나님 나라의 청지기로서 자신이 받은 은혜를 함께 나눔으로써 화평 가운데 서로의 부족한 부분을 채우게 될 것이다.

II. 교재의 특징과 학습 운영 방법

보통 소그룹에서 사용하는 제자훈련 교재들은 구원의 확신으로부터 출발해 기독교인의 기본적 소양에 대한 이해를 돕는다는 점에서 신앙경력에 따른 단계별 학습이 가능하다는 점과, 재생산의 구조를 통해 교회 성장에 기여한다는 점 등의 장점을 지닌다. 그러나 제자훈련의 궁극적인 방향이 개교회의 부흥만이 아니라 공교회적으로 하나님 나라로 수렴되는가에 대한 질문이 제기될 수 있다. 또한 제자훈련 교재는 주로 영혼 구원과 양육에 초점이 있다 보니 변화하는 사회적 정황과 말씀이 서로 어떻게 관련되는지 통찰하게 하는 데 한계가 있다. 말씀의 맥락을 고려하지 못한 단답형의 문답 형식도 성경 이해를 단순화시키는 문제를 초래할 수 있다.

한편, 월간 큐티 교재나 성경읽기표 등을 활용하여 말씀을 묵상하고 각자 묵상한 말씀을 소그룹을 통해 서로 나누는 방법도 교회 교육 현장에서 병용되고 있다. 이런 방법은 규칙적으로 성경을 읽게 하고 본문 전후 맥락 속에서 각 부분의 의미를 살필 수 있게 한다는 장점이 있다. 그러나 성경 전체를 다루는 데 오랜 시간이 필요하고 성경의 맥락에 집중하다 보니 사회 이슈를 역동적으로 다루는 데 역시 한계가 있다고 볼 수 있다.

또한 기존의 기독교교육은 주로 말씀 듣기와 개인적 나눔으로 이루어지는 것이 일반적이어서 교회에서는 선포적, 고백적 언어를 많이 사용하는 경향이 있다. 이런 언어 형식은 상호적이라기보다는 일방적이라는 한계를 노출한다. 또한 최근 사회적 이슈와 관련해 한국 교회는 소통의 한계를 드러냈다. 그러나 민주주의 사회에서는 자신의 의견을 논리적으로 제시하고 이견이나 반론에 대해 합리적으로 대응할 수 있는 성숙한 태도와 의사소통의 기술이 요구된다.

실천신학자 존 콜먼(John A. Colemann)에 따르면, 성도들은 제자직(discipleship)과 시민직(citizenship)의 균형감을 가지고, 사회 내 권력의 남용이나 횡포를 견제하고 비판할 수 있도록 세상과 소통할 수 있는 역량을 갖추어야 한다.[4] 따라서 다양한 사회적 이슈에 대해 토론을 활성화함으로써 서로 의견이나 질문을 교환하고 말씀에 기초해 성경적 대안을 모색할 수 있도록 기독교교육의 장을 마련해야 할 필요가 있다.

이에 이 교재는 성인을 대상으로 일상의 화제로부터 시작하여 사회적 이슈와 자신의 신앙이 어떻게 관련되는지를 고찰하게 한다. 소그룹 구성원들

4　John A. Coleman, "The Two Pedagogies: Discipleship and Citizenship," *Education for Citizenship and Discipleship*, ed. Mary C. Boys (New York: Pilgrim, 1989), 35-75.

은 서로 자유롭게 토론하고 의견을 나누는 가운데 생각의 폭을 넓히고 다양한 견해들을 어떻게 다루어야 할지를 배울 수 있을 것이다. 이로써 구성원들의 성찰 역량과 소통 역량, 나눔 역량을 강화할 수 있다.[5]

좀 더 구체적으로 이 교재는 기독교교육학자 토마스 그룸(Thomas H. Groome)의 교육방법을 활용하여 우선 중심 주제에 대한 각자의 평소 생각을 나누게 함으로써 소그룹 구성원들의 현재 상태를 이해한다. 다음으로, 각자 가지고 있던 견해나 행동이 어디서부터 출발했으며 그 결과는 무엇인지에 대해 성찰할 수 있게 한다. 이후 소그룹 리더는 주제와 관련된 기독교의 이야기와 그것이 요청하는 신앙적 응답을 제시함으로써 구성원들로 하여금 각자 자신의 이야기와 기독교의 이야기를 변증법적으로 연결시키고, 자신의 비전과 기독교의 비전을 결합해 나갈 수 있게 하는 것이다.[6]

이런 과정에 따라 이 교재는 공통적으로 각 과마다 네 단계로 구성되는데, 먼저 '생각 열기'에서는 소그룹 구성원들이 부담 없이 대화를 시작할 수 있도록 일상적인 질문을 배치했다. 이어 '성찰하기'에서는 앞서 나눈 내용을 좀 더 심화시킬 수 있는 질문들로 구성했다. 다음으로 '살펴보기'에서는 지금까지 서로 나눈 내용을 말씀에 비추어 보도록 문답식으로 질문을 구성했다. 이 때 해당 본문의 전후 맥락을 살펴볼 수 있도록 했다. 마지막으로 '더 생각해 보기'에서는 앞서 다룬 내용을 정리하고, 그 밖의 질문거리 및 구체적인 실천 방안 등을 다루도록 했다.

그 외에 분기별로 한번씩 '실천하기'(부록 참고)를 통해 외부 활동을 진행할 수 있도록 했다. 예를 들면, 의미 있는 유적지나 기관을 방문하거나, 국내 또

---

5 유은주, "세계화 시대의 희년 공동체 형성을 위한 탈인습적 기독교 성인교육 연구"(연세대학교 박사학위 논문, 2019), 141-160.

6 토마스 H. 그룸, 『기독교적 종교교육』, 298-340.

는 해외 아웃리치, 지역 주민을 위한 바자회 개최, 환경보호를 위한 아나바다 운동, 탄소금식 운동 등을 소그룹 구성원들 스스로가 계획하고 참여하게 함으로써 바쁜 일상 속에서 쉽게 간과되었던 부분에 대해 관심을 환기하고, 비록 작더라도 변화를 위한 사회적 행동에 동참할 수 있도록 계기를 마련할 수 있다.

교육내용의 선정과 조직은 미국 프린스턴 신학대학원의 교수였던 리처드 아스머(Richard R. Osmer)의 신앙의 네 가지 차원을 고려하여 신념편, 관계편, 신비편, 헌신편으로 구성했다. 먼저 신념편에서는 우리가 기독교를 신앙하는 궁극적인 이유에 대한 신념 및 삶의 궁극적인 가치에 대한 신념, 또한 우리의 삶에서 마주하게 되는 수많은 선택과 관련된 신념에 대해 성찰한다. 다음으로 관계편에서 친구와의 관계 및 가족 내에서 어떤 특징이나 문제가 있는지 등을 고찰하고 지혜로운 멘토링을 통한 해결의 방안을 다룬다. 신비편에서는 영적인 측면에서 인생을 어떻게 바라봐야 할지, 기독교 신앙이 어떤 점에서 세속적 가치관과 차이가 있으며 인생에서 마주하게 되는 고난의 문제를 어떻게 해석해야 할지 등에 대해 고찰한다. 마지막으로 헌신편에서는 기독교적 사랑 및 회복의 진정한 의미를 다룸으로써 예수 그리스도의 본을 좇는 섬김의 삶을 결단하게 한다.

교육내용과 관련하여 이 교재는 성경 전체의 내용을 통전적으로 이해할 수 있도록 구약과 신약 어느 한쪽에 치우치지 않고 균형 있게 다루려고 했으며, 기존의 기독교교육이 잘 다루지 않았던 부분들을 조명하여 그 의미를 고찰하고자 했다는 점에서 특징이 있다. 일례로, 레위기 25장에 기록되어 있는 희년법은 그동안 그 의미와 가치에 대해 종종 간과되었는데 하나님 나라의 회복이라는 관점에서 이런 부분들을 주의 깊게 살펴볼 필요가 있다.

이로써 소그룹 구성원들은 말씀을 들여다보면서 무엇이 주님이 바라시는 모습일까를 고민하고 자기 자신이나 자기 교회만을 위한 동기가 아니라 하나님 나라의 비전 가운데[7] 성숙한 신앙과 올바른 실천으로 나아가게 될 것으로 기대한다. 소그룹 운영시간은 인원수와 나눔의 깊이에 따라 상이할 수 있지만 평균적으로 한 과당 90~120분 정도 소요될 수 있고 필요에 따라 간소화될 수 있다. 더욱 깊은 성찰과 나눔을 위해서는 한 과를 두 주에 걸쳐 진행하는 것도 고려해볼 만하다.

---

7 Bonnidell Clouse, *Teaching for Moral Growth* (Wheaton, IL: Victor, 1993), 280-283.

전체 교육과정

|신념편|

주제	과	과별 제목	주제 본문
소원	1	우리의 소원	창 15장, 21장, 왕상 2-4장, 롬 4장
	2	기복신앙	시 1, 37, 73편, 마 5장
	3	주님의 비전	창 18장, 사 1, 5, 11, 58장, 마 23장
	4	주님의 기도	마 6, 26장, 막 1장
결실	1	열매 맺는 삶	시 127편, 잠 16장, 전 3, 11-12장, 요 15장
	2	후회하고 있지는 않습니까?	마 26-27장, 눅 22장, 요 21장
	3	인생의 빈 그물을 채우시는 주님	욥 29-30장, 행 9장
	4	주님께서 바라시는 열매	사 5장, 갈 5장
결정	1	선택의 기로에서	창 24장, 왕상 11장
	2	주님을 경외합니까?	창 2-3, 22장, 롬 5장, 히 11장
	3	위기의 순간에	삿 6-7장, 에 3-5장
	4	끝까지 신실하게	창 30-31장, 레 25장, 렘 34장

|관계편|

주제	과	과별 제목	주제 본문
친구	1	내 친구	삼상 17-20장, 삼하 9장, 단 1-3장
	2	유유상종	왕상 11-12, 22장
	3	이성 교제	삿 14-15장, 룻 1-3장
	4	참된 친구	마 9장, 막 14장, 요 13, 15, 18장
멘토	1	도움이 필요할 때	삼상 1장, 요 3, 7, 19장
	2	인생의 멘토	왕상 17-19장, 왕하 2장, 행 11장, 딤후 1-2, 4장
	3	지혜로운 멘토링	삼하 11-12장, 에 2-4장
	4	공적 멘토	신 16-17장, 느 4-5장, 잠 31장
가족	1	우리 가족	창 25, 27장, 삼상 18-19장, 삼하 3, 6장
	2	행복한 가정	시 127-128편, 엡 5-6장
	3	결혼 또는 비혼	창 2장, 고전 7장
	4	주님 안의 한 가족	막 3장, 행 2, 4장

주제	과	과별 제목	주제 본문
여행	1	인생여정	창 12장, 출 1-3장
	2	천로역정	엡 6장
	3	피난의 여정	룻 1-2장, 삼상 22, 25장
	4	집으로 가는 길	민 20장, 신 34장, 행 6-8장
휴식	1	쉼의 의미	창 2장, 출 20장, 렘 17장, 느 13장, 마 12장, 요 5장
	2	참된 안식을 얻으려면	왕상 19, 21장, 마 6장
	3	안식의 기반	레 25장, 민 27, 36장, 신 27장, 룻 4장, 왕상 21장
	4	쉼이 필요해	출 23장, 레 25장, 신 15장, 느 5장
고난	1	삶에 고난이 찾아올 때	창 37, 39, 41장, 행 16장
	2	섣불리 단정할 수 없는 난제	욥 1, 31, 42장, 요 9장
	3	기꺼이 짊어지는 고난	단 6장, 마 3, 11장, 막 6장
	4	고난받는 자의 편에 계시는 주님	신 27장, 삼하 11장, 왕상 21장

주제	과	과별 제목	주제 본문
회복	1	회복을 바라는 사람들	출 1-3장, 사 42장, 겔 16장, 마 12장, 눅 4-5, 7장
	2	관계의 회복	창 29-31, 37, 44-45장
	3	영적 회복	사 59장, 암 5장, 눅 19장
	4	하나님 나라의 회복	출 22장, 신 24장, 마 20장
사랑	1	조건 없는 사랑	스 9장, 눅 10, 15장, 요 4장
	2	사랑의 교제	삼상 16-17장, 시 4, 18편, 눅 10장
	3	최고의 가치, 사랑	마 22, 25장, 요 13장, 고전 13장, 요일 3-4장
	4	사랑이라는 이름으로	삼상 2-3장, 삼하 13장
섬김	1	하나님의 어린양	출 12장, 사 53장, 히 9-10장, 빌 2장
	2	진정한 섬김	막 1-2, 6, 8, 10장
	3	주님을 섬기는 사람들	렘 35장, 욘 1-4장
	4	강요된 희생	창 29-31장, 삿 11장

소모임 활동계획표

지역/사회를 위해 어떤 활동을 계획하고 싶습니까?	• 일시 • 장소 • 유적지/기관 방문 • 국내/국외 아웃리치 • 주민 바자회/공동창고 • 탄소금식 운동 • 기타
활동의 목적 및 기대하는 결과	• • • •
활동을 위해 필요한 것들	• 예산 • 참여 인원 • 조직 • 준비물

활동을 위해 준비해야 할 일들	• 준비모임
	  1차)
	  2차)
	• 예산 마련
	• 기도 준비
	• 이동 수단
	• 식사/간식
	• 홍보

후속 활동	• 참여자 피드백 • 평가회 • 스태프 사례 • 다음 활동 계획

신앙의 성숙 단계

나의 신앙은 어디에 해당하는가

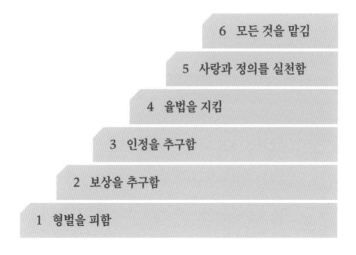

6 모든 것을 맡김

5 사랑과 정의를 실천함

4 율법을 지킴

3 인정을 추구함

2 보상을 추구함

1 형벌을 피함

Bonnidell Clouse, *Teaching for Moral Growth: A Guide for the Christian Community Teachers, Parents, and Pastors* (Wheaton, IL: Victor, 1993), 280-283.